Der Prozess der Entstehung des Homunkulus. Johann Wolfgang von Goethes Faust II

Katharina Düsterwald

Bibliografische Information der Deutschen Nationalbibliothek:

Die Deutsche Nationalbibliothek verzeichnet diese Publikation in der
Deutschen Nationalbibliografie; detaillierte bibliografische Daten sind
im Internet über http://dnb.d-nb.de abrufbar.

ISBN: 9783346580863
Dieses Buch ist auch als E-Book erhältlich.

Das Buch bei GRIN: https://www.grin.com/document/1169881

Inhaltsverzeichnis

1. Einleitung

Die Laboratoriumsszene in Goethes *Faust II* ist insofern von großer Bedeutung, dass darin als Resultat alchemistischer Experimente, mit dem Ziel der Erzeugung eines künstlichen Menschen, ein geistiges Lichtwesen mit hoher Intelligenz und besonderen Fähigkeiten entsteht, dass im Kontext der Klassischen Walpurgisnacht schließlich einen Weg zu vollständigem Werden sucht, in der Bemühung, seine körperliche Unvollkommenheit auszugleichen. Der Homunkulus stellt dabei zugleich ein wichtiges Bindeglied der Fausthandlung dar und ist Medium der Vermittlung naturphilosophischer Erkenntnisse und Diskussionen der Zeit Goethes, die im *Faust* in Rückgriff auf mythologische und antike Traditionen literarisch verarbeitet werden.

Im Folgenden gilt es zu untersuchen, inwiefern der Prozess der Entstehung des Homunkulus funktional in die Fausthandlung eingebettet ist, welche Symbolik die Darstellung des Werdens begleitet und wie die Figur sich im Kontext des Dramas und im Verhältnis zu Mephistopheles positioniert.

Der Homunkulus weist Parallelen zur Faustfigur auf und wird als zentraler Initiator für den Fortgang der Handlung inszeniert, der den Übergang zur Klassischen Walpurgisnacht einleitet, um dort nach körperlicher Vollendung zu streben, indem er auf Basis grundlegend differenter Entwicklungstheorien im Akt einer Vereinigung der Elemente den Evolutionsvorgang einer natürlichen Schöpfung vollzieht und damit in pathetischer Selbstauflösung den Schlussakkord der Szene bestimmt. Sowohl im Laboratorium als auch in der Klassischen Walpurgisnacht ist Homunkulus der signifikant gestaltende Part und zudem gegenüber Mephisto in superiorer Stellung konturiert.

Die Forschung hat sich in Bezug auf die Figur des Homunkulus mit zahlreichen unterschiedlichen Ansatzpunkten auseinandergesetzt. Unter anderem ist der Aspekt einer möglicherweise impliziten Mitwirkung Mephistopheles bei der Erzeugung des Homunkulus strittig, ebenso wie die Bedeutung der Figur für die Klassische Walpurgisnacht. Dabei spielt die Frage eine Rolle, ob Homunkulus lediglich als Mittel zum Zweck das passende symbolträchtige Bindeglied für den Übergang der Fausthandlung ist oder als eigenständiger Charakter von zentraler Bedeutung betrachtet werden muss. Auch die naturphilosophische Diskussion um die Auseinandersetzung zwischen Vulkanisten und Neptunisten ist Gegenstand zahlreicher Betrachtungen rund um die Homunkulushandlung.

Um sich der Figur zu nähern, wird im Folgenden zunächst eine Begriffsdefinition, auch in Rückgriff auf die historisch-wissenschaftliche Tradition der Idee eines Homunkulus und unter Einbeziehung alchemistisch-chemischer Erkenntnisse, gegeben, um damit auch die Hintergründe der goetheschen Inszenierung genauer analysieren zu können. Anschließend wird die Laboratoriumsszene, mit besonderem Augenmerk auf die darin enthaltene Symbolik, die Fähigkeiten des Homunkulus und die Rolle Mephistos, genauer untersucht. Schließlich wird im Übergang zur Klassischen Walpurgisnacht die naturphilosophische Diskussion im Kontext der Begegnung des Homunkulus mit den antiken Philosophen Thales und Anaxagoras in Bezug auf seinen angestrebten Entstehungsprozess in den Blick genommen, bevor abschließend das Fazit folgt.

1

2. Der Homunkulus - zu Begriff, wissenschaftshistorischen Hintergründen und den Einflüssen der Alchemie

Zunächst einmal muss untersucht werden, wo die Vorstellung vom Homunkulus ihren Anfang genommen hat. Der Begriff ‚Homunkulus' ist der aus dem Lateinischen abgeleitete Diminutiv des Wortes ‚homo'. Es handelt sich folglich um ein ‚Menschlein', wodurch bereits die Wesenhaftigkeit der intendierten Vorstellung, die mit diesem Begriff verbunden ist, zutage tritt. Durch experimentelle Methoden, vorwiegend alchemistisch-magischer Natur, künstlich erzeugt, soll ein kleiner Mensch entstehen, der die defizitären Eigenschaften des natürlich gezeugten Menschen exkludiert.[1]

Die Idee eines künstlichen Menschen nahm ihren Ursprung schon in der Antike. Bereits um 300n.Chr. hatte der Alchemist Zosimus die Vision eines künstlichen Menschleins, das aus dem Schmelzprozess von Metallen entsteht. Ebenfalls um 300n.Chr. entstanden die pseudoclementinischen Homilien, nach denen ein gewisser Simon Magus erstmalig einen Menschen aus Luft erschaffen haben soll, indem er diese mehrfach umwandelte, zunächst in Wasser, dann in Blut und schließlich in Fleisch.[2]

Im Mittelalter schließlich schrieb Paracelsus in seinem Werk *De natura rerum* die Erzeugung eines Homunkulus erstmalig rezeptartig nieder. Er prägte maßgeblich die Vorstellung, dass es möglich sei, einen Menschen außerhalb des Mutterleibs zu entwickeln. Er setzt den Vorgang der „Putrefaction"[3] als entscheidenden Aspekt einer künstlichen Geburt voraus und vergleicht dieses Vorgehen damit „wie eine Henne ihre Eier ausbrütet"[4]. Eine feuchte und warme Umgebung seien notwendig für die Entstehung eines Lebewesens.[5] Auch ein Mensch könne auf ebensolche Weise ausgebrütet werden. Voraussetzung dieses Prozesses war die Vorstellung, dass der Mensch bereits im Spermium des Mannes angelegt sei und nur noch zu seiner vollen Gestalt entwickelt werden müsse: „Denn allemal, wie der Same ist, der gesät wird, eine solche Frucht wächst auch daraus"[6]. Daher sei es möglich einen Homunkulus zur Entstehung zu bringen, indem

„das sperma eines Manns im verschlossenen Curcurbiten per se mit der höchsten Putrefaction, ventre equino, auf vierzig Tag putreficiret werde, oder so lang, bis es lebendig werde und sich bewege und rege [...]. Nach dieser Zeit wird es einem Menschen einigermaßen gleich sehen, doch durchsichtig, ohn ein corpus. Wenn es [...] mit dem arcano sanguinis humani gespeist und bis auf vierzig Wochen ernährt wird, und in steter gleicher Wärme ventris eqiono erhalten, wird ein recht lebendig menschlich Kind daraus [...], doch viel kleiner. Das selbige nennen wir ein homunculum."[7]

---

[1] vgl. Höffgen, Thomas: Goethes Walpurgisnacht-Trilogie. Heidentum, Teufeltum, Dichtertum (Bochumer Schriften zur deutschen Literatur Bd. 1). Frankfurt a. M. 2015, S. 269.

[2] vgl. Jacoby, Adolf: Homunculus. In: Bächtold-Stäubli, Hanns (Hrsg.): Handwörterbuch des deutschen Aberglaubens Bd. 4. Berlin/New York 2000³, S.288f.

[3] Philippi Theophrasti von Hohenheim: De natura rerum. In: Peuckert, Will-Erich (Hrsg.): Theophrastus Paracelsus Werke Bd. 5. Pansophische, Magische und Gabalische Schriften. Darmstadt 1968, S. 57.

[4] Ebd., S. 57.

[5] vgl. Ebd., S. 57.

[6] Ebd., S. 58.

[7] Ebd., S. 62.

Hier verwendet Paracelsus also bereits den Begriff des Homunkulus, der demnach durch Fäulnisprozesse und die Ernährung mit menschlichem Blut entwickelt werden könne. Zudem spricht er übermenschliche Fähigkeiten in Bezug auf die Wissensdimension an, die auch dem Homunkulus in Goethes *Faust* zu Eigen sind. Die Homunculi seien „Wunder-Leut, die [...] alle geheimen und verborgenen Ding, welche allen Menschen sonst nicht möglich zu wissen sind, wissen"[8]. Der Vorgang der künstlichen Erzeugung wird somit zugleich als etwas dargestellt, aus dem eine Dimension resultiert, die oberhalb des menschlich Erfahrbaren angesiedelt ist. Das Produkt des von Paracelsus beschriebenen Prozesses befindet sich somit in gewisser Weise auf einer transzendentalen Ebene außerhalb menschlicher Erkenntnismöglichkeiten. Paracelsus verleiht diesem Gedanken ebenfalls Ausdruck, indem er darstellt, dass die Homunculi eher mit Geistern als mit Menschen zu vergleichen seien, was ihren herausgehobenen Status verdeutlicht.[9]

Die Überlegungen Paracelsus wurden Grundlage zahlreicher Nachahmer und Kritiker, die entweder seine Aussagen zum Homunkulus scharf kritisierten und derartige Versuche verurteilten oder aber selbst an alchemistischen Experimenten interessiert waren und seine Vorgaben modifizierten, um zum gewünschten Ergebnis zu gelangen. Der im 17. Jahrhundert lebende Schriftsteller Johannes Praetorius beispielsweise verurteilte Paracelsus als „gottlose[n] Mensch[en]"[10] und unternahm die Bemühung, dessen Vorstellung einer extrakorporalen menschlichen Zeugung zu widerlegen. Paracelsus Vorgehen sei „vergeblich und erlogen: Sintemahl auß einem verfauleten/ und im Glase unterm Miste verstackten Saamen durchauß keine Menschliche Geburt werden kan"[11].

Festzuhalten ist jedoch, dass die ersten Vorstellungen eines Homunkulus weit zurückreichen und eine durchgehend starke Faszination ausgeübt zu haben scheinen. Verschiedenenartige Methoden zielten auf das letztendlich weitgehend identische Ziel der künstlichen Erzeugung eines Menschen ab und befassten sich eingehend mit Fragen nach Schöpfungsprozessen. Auch Goethe waren diese frühen Experimente und theoretischen Überlegungen dazu bekannt, wodurch er zu großen Teilen die Inspiration für die Figur des Homunkulus in *Faust* bezog.

Der Versuch, künstliches Leben zu produzieren, war zudem auch zentraler Bestandteil der Alchemie.[12] Besondere Bedeutung hatte in der Alchemie die Transmutation, also der Prozess der Umwandlung von Stoffen. Das höchste alchemistische Ziel war die Herstellung des Steins der Weisen.[13] Generell ist unter Alchemie jedoch zunächst einmal die magische Naturwissenschaft des Mittelalters zu verstehen, die sich mit der Herstellung von Gold mittels einer fünften Essenz, der sogenannten Quintessenz, beschäftigte und auf der Lehre von den

---

[8] Ebd., S. 63.

[9] vgl. Ebd., S. 63.

[10] Praetorius, Johannes: Von chymischen Menschen. In: Völker, Klaus (Hrsg): Künstliche Menschen. Dichtungen und Dokumente über Golems, Homunculi, lebende Statuen und Androiden Bd. 308. München 1971, S.60-61, hier S.60.

[11] Ebd., S. 60.

[12] vgl. Wyder, Magrit: Von der Stufenleiter der Wesen zur Metamorphosenlehre: Goethes Morphologie und ihre Gesetze. In: Schrader, Hans-Jürgen; Weder, Katharine (Hrsg.): Von der Pansophie zur Weltweisheit. Goethes analogisch-philosophische Konzepte. Tübingen 2004, S.31-54, hier S. 33.

[13] vgl. Laube, Stefan: Die Alchemie - Kontexte und Phänomene. In: Feuerstein-Herz; Laube, Stefan (Hrsg.): Goldenes Wissen. Die Alchemie - Substanzen, Synthesen, Symbolik. Wolfenbüttel 2014, S. 176-238, hier S. 194.

vier Elementen basierte. Auch Goethe kam in Kontakt mit der Alchemie und las mit Interesse einige bedeutende Werke, auch wenn er die Alchemie zunehmend kritisch beurteilte. In seinen Werken, besonders im Kontext der Homunkulusfigur, bedient sich Goethe an Motiven und sprachlichen Ausdrücken der Alchemie und setzt diese in einem literarischen Sinne um.[14] Starken Einfluss auf Goethes Konzeption der Laboratoriumsszene und der damit verbundenen Entstehung des Homunkulus hatte eine wissenschaftliche Entdeckung im Jahr 1828, die das vorherrschende Bild der Wissenschaftler des 19. Jahrhunderts grundlegend modifizierte und gänzlich neue Perspektiven eröffnete. Dem deutschen Chemiker Friedrich Wöhler war es gelungen, erstmals synthetisch Harnstoff herzustellen und damit anorganische Stoffe in organisches Material umzuwandeln, ein Vorgang, der zuvor nicht realisierbar erschienen war. Mit dieser neuen Erkenntnis konnte der gesamte Schöpfungsprozess prinzipiell in Frage gestellt werden und die Möglichkeit der Produktion von Leben aus unorganischem Material war plötzlich scheinbar in greifbare Nähe gerückt. Diese wissenschaftliche Sensation war auch Goethe nicht entgangen, in der Folge nahm er diese revolutionären Denkweisen, die Wöhler in Gang gesetzt hatte, auf und setzte sie in Zusammenhang zu alchemistischen Vorstellungen.[15]

Inwiefern Goethe die Laboratoriumsszene aufbaut und auf welche Traditionen er mit Blick auf die Homunkulusfigur zurückgreift, soll Bestandteil der weiteren Betrachtungen werden.

3. Im Laboratorium

3.1 Aufbau der Szenerie, Symbolik und alchemistische Prozesse

Voraussetzung der Laboratoriumsszene in Goethes *Faust II* ist die Ohnmacht Fausts am Ende des ersten Aktes, die dazu führt, dass Mephistopheles mit ihm an einen Schauplatz aus *Faust I* zurückkehrt. Zurück am Ort, an dem die Handlung ihren Anfang genommen hatte, Fausts ehemaliges Studierzimmer und seine alte Umgebung, trifft Mephistopheles im Laboratorium auf Wagner, den ehemaligen Schüler Fausts, der sich mittlerweile selbst zu einem angesehenen Gelehrten hochgearbeitet hat und nun im Begriff ist, ein Experiment durchzuführen, dessen Resultat für den weiteren Handlungsverlauf sowohl im Sinne der weiteren Entwicklung Fausts als auch in Hinblick auf die daraus entstehende Nebenhandlung um die Homunkulusfigur selbst von großer Bedeutung für das Drama ist.

Der Einstieg in die Szene erfolgt ganz unmittelbar mit Wagner, der im Laboratorium ein Farbenspektakel mittels chemischer Mischungen veranstaltet, das beinahe wie eine Ankündigung für einen furiosen Abschluss magischer Experimente anmutet. Die beschriebenen Vorgänge der Farberscheinungen, die in einer Phiole vor sich gehen und diese erhellen „wie der herrlichste Karfunkel"[16], sind Anzeichen für die verschiedenen Stufen eines

---

[14] vgl. Jeßing, Benedikt: Alchimie. In: Jeßing, Benedikt; Lutz, Bernd; Wild, Inge (Hrsg.): Goethe Lexikon. Personen - Sachen - Begriffe. Stuttgart/Weimar 2004², S. 6.

[15] vgl. Habrich, Christa: Von der Alchemie zur Förderung der chemischen Wissenschaft und Technik. Goethe zwischen hermetischem Denken und Pragmatismus. In: Schrader, Hans-Jürgen; Weder, Katharine (Hrsg.): Von der Pansophie zur Weltweisheit. Goethes analogisch-philosophische Konzepte. Tübingen 2004, S.9-30, hier S. 27f.

[16] Goethe, Johann Wolfgang: Faust. Der Tragödie Zweiter Teil. Stuttgart 2014, V. 6826.

alchemistischen Prozesses auf dem Weg zu seiner Vollendung.[17] In der Phiole „Erglüht es wie lebendige Kohle"[18] und „Ein helles weißes Licht erscheint!"[19]. Die Symbolik des Lichts ist dabei von großer Bedeutung mit Blick auf den Versuch, einen Menschen auf künstlichem Weg zur Entstehung zu bringen, da Licht als zentraler, Leben hervorbringender Bestandteil betrachtet wurde. Während in der Alchemie vor allem Feuer als Symbol für das Leben Bestand hatte, wurde das Leben in der Naturphilosophie durch das Licht symbolisiert.[20] Hier kündigt sich also bereits an, was Wagner mit seinem Experiment beabsichtigt: Die Entstehung neuen Lebens durch seine Hand im Laboratorium. Der Ausruf „O dass ich's diesmal nicht verliere! - / Ach Gott! was rasselt an der Türe?"[21], legt die Vermutung nahe, dass er bereits zuvor Experimente ähnlicher Art durchgeführt haben könnte, die ihm jedoch misslungen waren. Schließlich wünscht Wagner, er möge es „diesmal nicht verliere[n]!"[22]. Daraus resultierend könnte auch seine Furcht rühren, sein Versuchsaufbau könnte durch eine Störung von außen seine Wirksamkeit verlieren und zu Misserfolg führen. Besagte Störung tritt in Form von Mephistopheles in das Laboratorium, eben rechtzeitig, um der Entstehung des Homunkulus beizuwohnen. Dies kündigt auch Wagner als „Stern der Stunde"[23] an, einerseits erfüllt von Stolz auf sein Tun, andererseits in furchtsamer Anspannung verharrend, ob des Gelingens seiner Anstrengungen.[24] Auf Nachfrage von Mephistopheles spricht Wagner erstmals aus, was in seinem Laboratorium vor sich geht: „Es wird ein Mensch gemacht"[25]. Mephistopheles tritt dieser Intention spöttelnd gegenüber, nimmt Wagner in seinen Bestrebungen nicht ernst und verleitet ihn durch die provozierende Frage „Und welch verliebtes Paar / Habt ihr ins Rauchloch eingeschlossen?"[26], zu einer genaueren Erläuterung seines Vorhabens. Wagner stellt nun seine Ablehnung des natürlichen Zeugungsprozesses dar und erklärt seinen Anspruch, dass „der Mensch mit seinen großen Gaben / Doch künftig höhern, höhern Ursprung haben"[27] soll. Damit stellt Wagner die Triebhaftigkeit des Menschen als negativ und deren Überwindung als Ziel allen Strebens dar. Die geistige Entwicklung des Menschen soll an die Stelle der Unkontrolliertheit der Triebe treten und den Menschen von tierischem Verhalten abgrenzen. Diese Ansicht ist zurückführbar auf antik-platonische Lehren.[28]

Der „zarte Punkt aus dem das Leben sprang", den Wagner anführt, ist eine von ihm dargestellte Analogie von dem pulsierenden Herzen im Hühnerei zu dem Beginn des Lebens

---

17 vgl. Gaier, Ulrich: Kommentar zu Goethes Faust. Stuttgart 2002, S.171.

18 Goethe: Faust, V. 6825.

19 Ebd., V. 6828.

20 vgl. Schott, Heinz: Heil und Heilung. Zur Ideengeschichte der Alchemie in der frühen Neuzeit. In: Feuerstein-Herz/Laube, Stefan (Hrsg.): Goldenes Wissen. Die Alchemie - Substanzen, Synthesen, Symbolik. Wolfenbüttel 2014, S.99-110, hier S. 105.

21 Goethe: Faust, V. 6829f.

22 Goethe: Faust, V. 6829.

23 Ebd., V. 6832.

24 vgl. Ebd., V. 6832-6834.

25 Ebd., V. 6835.

26 Ebd., V. 6836f.

27 Goethe: Faust, V. 6846f.

28 vgl. Schmidt-Möbus, Friederike; Möbus, Frank: Who is who in Goethes Faust? Kleines Lexikon der Personen und mythologischen Gestalten in Johann Wolfgang Goethes Faust I und II. Leipzig 1999, S. 137.

aller Organismen.[29] An dieser Stelle könnte eine mögliche Parallele zu Paracelsus Darstellung gesehen werden, der in seinen Ausführungen zum Homunkulus ebenfalls zunächst das Hühnerei als Beispiel der Entwicklung von Leben argumentativ eingebunden hatte.[30] Anders als nach Paracelsischem Vorbild bedient sich Wagner jedoch nicht der Methode des Ausbrütens eines Spermiums, sondern verlässt sich auf alchemistisch-chemische Stoffmischungs- und Umwandlungsprozesse, die ihm das gewünschte Ergebnis liefern sollen. Dieses wird im Folgenden deutlich. Die Alchemie als eine Wissenschaft der Mischungsoperationen verschiedener Stoffe, wird hier durch Verwendung zentraler Schlüsselbegriffe in den Vordergrund gerückt. „Durch Mischung, denn auf Mischung kommt es an, / Den Menschenstoff gemächlich komponieren"[31] ist das erklärte Ziel Wagners. Deutlich gemacht wird dadurch, dass der Mensch in seiner Zusammensetzung als Stoff verstanden wird, der durch manuelle Zusammenführung verschiedener Stoffmischungen komponiert werden kann. Die genaue Art der verwendeten Stoffe bleibt jedoch unklar, es erfolgt keine genauere Bennennung. Die Bezeichnungen verbleiben dadurch auf einer allgemeinen Ebene und verwehren dem Leser einen spezielleren Zugang zu den zu Grunde gelegten Substanzen. Zudem sind Begriffe wie „verlutieren"[32] und „kohobieren"[33] Spezialbezeichnungen der Alchemie und heben damit die besondere Art und Weise hervor, auf die Goethe den Entstehungsprozess des Homunkulus gestaltet.[34] Weiterhin wird die Produktion des menschlichen Körpers als Kristallisationsprozess beschrieben, was als Verweis auf die neuesten wissenschaftlichen Erkenntnisse im Rahmen der Harnstoffsynthese Wöhlers betrachtet werden kann. Goethe präsentiert an dieser Stelle also durch Wagner eine Modernität, die in Kontrast zu dem sonst eher altmodisch anmutenden Szenario steht.[35]

Mephistopheles betrachtet die Vorgänge mit stoischer Ruhe, denn „Nichts Neues kann für ihn auf dieser Welt geschehn"[36], während Wagner voller Ungeduld und Faszination auf die Phiole fixiert bleibt. Er erweitert im Folgenden seinen Anspruch an sein Experiment und zeigt neuerlich Ansätze einer beinahe revolutionär anmutenden Modernität, wenn er die Produktion künstlicher Intelligenz als weiteres Ziel artikuliert. Der Homunkulus wird „so ein Hirn, das trefflich denken soll"[37] sein und über eine Geisteskraft verfügen, die weit über die Vorstellungen seines Schöpfers hinaus geht.[38]

Zu Beginn der Laboratoriumsszene finden also eine Anmoderation der Geschehnisse und eine Erläuterung der Zielsetzung statt. Nachdem das Experiment in Gang gesetzt wurde, steigt die Erwartung auf das Resultat des Prozesses und es bildet sich die Frage heraus, in welchem Verhältnis Mepistopheles zur beschriebenen Szenerie steht.

---

[29] vgl. Gaier: Kommentar, S. 171.
[30] vgl. Philippi Theophrasti von Hohenheim: De natura rerum, S. 57.
[31] Goethe: Faust, V. 6850f.
[32] Ebd., V. 6852.
[33] Ebd., V. 6853.
[34] vgl. Gaier: Kommentar, S. 171.
[35] vgl. Ebd., S. 171.
[36] Goethe: Faust, V. 6862.
[37] Ebd., V. 6869.
[38] vgl. Gaier: Kommentar, S. 171.

3.2 Homunkulus ‚erste Geburt' und sein Verhältnis zu Mephistopheles

Als Folge der alchemistischen Produktion eines Menschleins durch Wagner sind im Weiteren die Wesensart des Homunkulus und die Rolle des Mephistopheles in diesem Zusammenhang genauer zu untersuchen.

Nach weiterer Beschreibung chemischer Prozesse wie Trübung und Klärung, findet der Versuchsvorgang schließlich seinen Abschluss in der Erscheinung des Homunkulus „in zierlicher Gestalt"[39]. Wagner sieht sich auf dem Gipfel seines Erfolgs und seiner Vorstellungen: „Was wollen wir, was will die Welt nun mehr?"[40]. Sobald er fordert „Gebt diesem Laute nur Gehör, / Er wird zur Stimme, wird zur Sprache"[41], beginnt Homunkulus, das entstandene Menschlein, zu sprechen und somit sofort seine Intelligenz und Wesensart offenzulegen. Seine übermenschliche Wissensdimension wird direkt deutlich gemacht, indem er Wagner als „Väterchen"[42] bezeichnet und ihn somit als seinen Schöpfer erkennt.

Zudem ist ihm bewusst, dass seine Existenz sehr fragil ist und er als körperloses Wesen an die Enge seiner Phiole gebunden bleibt: „Natürlichem genügt das Weltall kaum, / Was künstlich ist, verlangt geschlossnen Raum"[43]. Damit wird demonstrativ die Unterscheidung zwischen künstlicher und natürlicher Entstehung getroffen. Homunkulus, als künstliches Produkt der alchemistischen Bemühungen Wagners, ist gefangen in dem Behältnis seiner Entstehung, da ihm die Körperlichkeit eines Menschen verwehrt bleibt. Mit dieser zentralen Einschränkung seines Daseins muss das Experiment Wagners zumindest zu einem entscheidenden Teil als gescheitert betrachtet werden, da die maßgebliche Intention der künstlichen Schaffung eines Menschen nicht in letzter Konsequenz verwirklicht werden konnte. Homunkulus bleibt letztendlich ein schemenhaft defizitäres Wesen.[44]

Sogleich wendet sich Homunkulus an Mephistopheles, dessen Figur bis dahin nur recht konturlos und ohne klar hervortretende Motivation in der Szene präsent zu sein schien. In der erstmaligen Konfrontation mit Homunkulus bezeichnet dieser Mephistopheles als „Herr Vetter"[45], eine Namensgebung, die in der Forschung sowohl in Hinblick auf eine mögliche Einwirkung Mephistopheles bei der Entstehung des Homunkulus als auch auf eine zu vermutende Verwandtschaftskonstellation Kontroversen aufwirft und auf reges Interesse zu stoßen scheint. Eine derartige Positionierung Mephistopheles würde dessen Anwesenheit im Laboratorium von Beginn an in einen divergierenden Kausalzusammenhang rücken. „Im rechten Augenblick, ich danke dir, / Ein gut Geschick führt dich zu uns herein"[46], sind Worte, die eine Argumentation unterstützen könnten, die auf eine entscheidende Mitwirkung Mephistopheles hin ausgerichtet ist. Es ließe sich daraus vermuten, dass Homunkulus ihm dankt, weil seine Entstehung in fundamentaler Abhängigkeit zu Mephistopheles Anwesenheit steht. Auch die von diesem gesprochenen Schlussworte der Szene, „Am Ende hängen wir

---

[39] Goethe: Faust, V. 6873.
[40] Ebd., V. 6875.
[41] Ebd., V. 6877f.
[42] Ebd., V. 6879.
[43] Ebd., V. 6883f.
[44] vgl. Osten, Manfred: Die evolutionäre Reise - zur Modernität des Goetheschen Homunculus. In: Frick, Wener/ Golz, Jochen/ Zehm, Edith (Hrsg.): Goethe Jahrbuch Bd. 120. Weimar 2003, S. 216-228, hier S. 218.
[45] Goethe: Faust, V. 6885.
[46] Ebd., V. 6886f.

doch ab / von Kreaturen die wir machten"[47], lassen die Möglichkeit dieser Schlussfolgerung implizit mitschwingen. Ein weiteres Indiz für diesen Ansatz sind Aussagen von Goethe selbst, die er in einem Gespräch mit Johann Peter Eckermann, einem Schriftsteller und Vertrauten Goethes, über die Laboratoriumsszene geäußert haben soll. Denn auch Eckermann artikulierte den Verdacht einer Einflussnahme durch Mephistopheles, worauf Goethe antwortete:

> „es ist so, und ich habe schon gedacht, ob ich nicht dem Mephistopheles, wie er zu Wagner geht und der Homunculus im Werden ist, einige Verse in den Mund legen soll, wodurch seine Mitwirkung ausgesprochen und dem Leser deutlich würde."[48]

Darin wird ganz klar deutlich, dass Goethe einen Zusammenhang zwischen Mephistopheles Zugegensein in der Laboratoriumsszene und dem Werden des Homunkulus intendiert hat. Letztlich bleibt diese Überlegung jedoch unklar, da Goethe die beabsichtigten Verse zur Verdeutlichung dieses Zusammenhangs nie in den *Faust* übernommen hat.[49] In Bezug auf das Verhältnis zwischen Mephistopheles und Homunkulus, sagte Goethe:

> „Übrigens nennt er ihn Herr Vetter, denn solche geistige Wesen wie der Homunculus, die durch eine vollkommene Menschwerdung noch nicht verdüstert und beschränkt worden, zählte man zu den Dämonen, wodurch denn unter beiden eine Art von Verwandtschaft existierte."[50]

Durch diese Aussage wird zweierlei deutlich. Einerseits tritt hervor, dass Homunkulus als gewissermaßen höher gestelltes Wesen im Vergleich zum Menschen angelegt ist, dass nur durch seine einseitig geistige Ausrichtung über eine besondere Klarheit des Seins und der Sicht auf die Welt verfügt und damit allein die Körperlosigkeit ihm jene besondere Form der Existenz ermöglicht.[51] Damit eng verbunden ist die ursprüngliche Absicht, die defizitären Anlagen des natürlich gezeugten Menschen aus seiner künstlichen Reproduktion zu tilgen. Andererseits wird Homunkulus als Dämon charakterisiert, wodurch er in ein Verwandtschaftsverhältnis zu Mephistopheles gerückt wird, der damit ebenfalls als Dämon eingeordnet wird. Durch diese Anordnung wird eine Gleichartigkeit beider Figuren konstituiert, die durch eine zugleich kontrastierende Positionierung paradox wirkt. Denn Mephistopheles ist der christlichen Apologetik zuzuordnen und steht als negativ konnotierter Charakter dem Homunkulus antithetisch gegenüber, welcher sich im Kontext der platonischen Ideenlehre bewegt und als positiv konnotierte Figur mit dem Streben nach harmonischer Synthese inszeniert wird.[52]

Wenn in Hinblick auf die Spekulationen um Mephistopheles Einfluss auf die Entstehung des Homunkulus und ihre mögliche Verwandtschaft jedoch nicht die Aussagen Goethes als entscheidend betrachtet werden, sondern der Fokus ausschließlich auf die vorliegende Textfassung gelenkt wird, ist auch eine andere, deutlich banalere Interpretation möglich.

---

[47] Ebd., V. 7003f.

[48] Eckermann, Johann Peter: Gespräche mit Goethe in den letzten Jahren seines Lebens. In: Beutler, Ernst (Hrsg.): Johann Wolfgang Goethe. Gedenkausgabe der Werke, Briefe und Gespräche. 28. August 1949, Bd. 24. Zürich 1948, S. 375.

[49] vgl. Fitzell, John: Goethe, Jung: Homunculus and Faust. In: Ugrinsky, Alexej (Hrsg.): Goethe in the twentieth century (Contributions to the study of world literature Nr. 17). New York/Connecticut/London 1987, S. 107-116, hier S. 110.

[50] Eckermann: Gespräche mit Goethe, S. 375.

[51] vgl. Höfler, Otto: Homunculus - eine Satire auf A.W. Schlegel. Goethe und die Romantik. Wien/Köln/Graz 1997, S.28.

[52] vgl. Höffgen: Walpurgisnacht-Trilogie, S. 280.

Denn wie bereits im Vorherigen betrachtet, hat Goethe es bei impliziten Andeutungen belassen und Mephistopheles nicht explizit als entscheidenden Faktor bei der Entstehung des Homunkulus gekennzeichnet. Damit bleibt diese Annahme auf Grundlage des Textes spekulativ. Zudem könnte die Anrede als „Herr Vetter"[53] wesentlich simpler aus dem veralteten Wort ‚Gevatter' als ‚Taufpate' abgeleitet und verstanden werden.[54] Damit wäre nicht eine Verwandtschaftsbeziehung, sondern lediglich die Anwesenheit Mephistopheles bei Homunkulus ‚Geburt' für diese Formulierung ausschlaggebend. Letztendlich lässt sich diese Frage nicht abschließend beantworten, sondern lediglich argumentativ in tendenzielle Möglichkeiten trennen.

Insgesamt wirft die besondere Figurenkonstellation zwischen Mephistopheles und Homunkulus vor allem verschiedene Perspektiven auf, die auch in Hinblick auf den Übergang zur Klassischen Walpurgisnacht von Bedeutung sind.

3.3 Die Traumlektüre des Homunkulus und der Übergang zur Klassischen Walpurgisnacht

Von Interesse sind nicht nur mögliche Gemeinsamkeiten, sondern vor allem auch die Differenzen zwischen Mephistopheles und Homunkulus, die in ihrer Herkunft und Wesensart begründet sind und auf ihr Verhältnis im Übergang zur Klassischen Walpurgisnacht und ihre Positionierung zu Faust Einfluss nehmen und daher im Folgenden genauer in den Blick genommen werden.

Homunkulus beweist seinen starken Impetus zu handeln, indem er sogleich nach der Begrüßung Mephistopheles und Wagners zur Tätigkeit auffordert. Er „möchte [sich] sogleich zur Arbeit schürzen"[55]. Mephistopheles identifiziert er dabei als Helfer, der ihm behilflich sein könne, „die Wege [ihm] zu kürzen"[56]. Mephistopheles, der bereits Faust als Tatgeist dient, wird hier in gewisser Weise auch für Homunkulus zum Tatgeist bestimmt, der ihm die Möglichkeit zum Handeln bietet. Damit offenbart sich auch eine weitere Parallele zur Faustfigur. Denn auch bei Faust ist das Tathandeln zentral. Als dieser in *Faust I* feststellt: „im Anfang war die Tat"[57], erscheint Mephistopheles, der ihm in der Folge Tätigkeit ermöglicht. Homunkulus selbst ist, trotz seiner defizitären Geistesgestalt, in der Lage, seinen Lichtkörper im Raum zu bewegen, was deutlich wird, als Mephistopheles ihm, als hätte er es von Beginn an geplant, den ohnmächtigen Faust präsentiert. In der Folge zeigt Homunkulus seine Fähigkeit zur Traumlektüre, die ihn zum „Katalysator der Handlung"[58] macht. Von nun an etabliert sich Homunkulus in sich sukzessive intensivierender Deutlichkeit als zentrale Figur der Szene, die sich in einer Art Allwissenheit von seinen Zuhörern isoliert, die von seinem Informationszugang ausgeschlossen und ihm damit ausgeliefert sind.[59] Faust träumt von der Zeugung der Helena durch die Spartanerkönigin Leda und Zeus, der die Gestalt eines

---

[53] Goethe: Faust, V. 6885.
[54] vgl. Duden. Deutsches Universalwörterbuch. 4., neu bearb. u. erw. Aufl. Mannheim u.a. 2001, S. 647.
[55] Goethe: Faust, V. 6889.
[56] Ebd., V. 6890.
[57] Goethe, Johann Wolfgang: Faust. Der Tragödie Erster Teil. Stuttgart 2014, V. 1237.
[58] Görner, Rüdiger: Homunkulus im Zeitalter der Simulation. Gedanken zur Authentizität in deutscher Gegenwartsliteratur, in: Summ, Hans-Joachim (Hrsg.): »Welche Entwürfe! Welche Entschlüsse« Modelle menschlichen Lebens. Frankfurt a. M./Leipzig 2000, S.112-137, hier S.113.
[59] vgl. Osten: Die evolutionäre Reise, S.221f.

Schwans angenommen hat. Dargestellt wird durch diesen Traum jedoch ein Gemälde, nicht die mythologischen Figuren selbst. Das Beschriebene ist einerseits Traum, andererseits auch Mythos und Bild und ist damit auf dreierlei Ebenen angesiedelt.[60]

Homunkulus übergeordnete Position tritt nun klar hervor, stößt Mephistopheles hier doch an seine Grenzen. Anders als Homunkulus muss er zugeben: „Ich sehe nichts"[61]. Die Erklärung folgt sogleich. Mephistopheles als Gestalt der christlichen Mythologie und Religion ist vom „Düstern"[62] umfangen und „Im Nebalter jung geworden, / Im Wust von Rittertum und Pfäfferei"[63]. Homunkulus ist frei von demjenigen, was Mephistopheles Blick behindert. Diese Differenz zwischen beiden betrifft auch Fausts Rettung aus seiner Ohnmacht. Mephistopheles ist auf einen Lösungsvorschlag Homunkulus angewiesen, da er selbst nicht fähig ist zu erkennen, was Faust zur Heilung benötigt.[64] Homunkulus ist jedoch sofort klar, dass Faust nur in der Klassischen Walpurgisnacht geheilt werden kann. Er kennt sowohl die Vergangenheit Mephistopheles als auch die Zukunft Fausts.[65] Auch die klassische Walpurgisnacht, eine Erfindung Goethes als parallele Inszenierung zur nordischen Walpurgisnacht aus *Faust I,* ist Mephistopheles unbekannt, kennt er doch nur „Romantische Gespenster"[66], jedoch: „Ein echt Gespenst auch klassisch hat's zu sein"[67]. Mit Romantik ist in diesem Fall die mittelalterlich-christliche Sphäre gemeint, die einer klassisch-antiken kontrastiv gegenübergestellt wird.[68] Mephistopheles ist von Homunkulus Vorschlag wenig angetan und tut seine Ablehnung kund. Homunkulus jedoch betont seine Hilflosigkeit im Umgang mit Faust: „Hast du ein Mittel so erprob es hier, / Vermagst du's nicht so überlass es mir"[69]. Erst als er Mephistopheles die Bekanntschaft mit thessalischen Hexen offeriert, willigt dieser ein und drängt nun selbst: „Doch zum Besuch! Versuch!"[70]. Letztendlich ist Homunkulus derjenige, der über den Fortgang der Handlung, über Ort und Zeit der folgenden Szene bestimmt und den Übergang einleitet.[71] Er „leuchte[t] vor"[72] und übernimmt damit die Rolle des Anführers, denn er allein kennt den Bestimmungsort. Wagner hingegen bleibt zurück, soll „Lebenselemente"[73] sammeln, also die Elemente organischen Lebens, die Homunkulus in seiner Existenz fehlen.[74]

[60] vgl. Gaier: Kommentar, S. 172.

[61] Goethe: Faust, V. 6923.

[62] Ebd., V. 6927.

[63] Goethe: Faust, V. 6924f.

[64] vgl. Hölscher-Lohmeyer, Dorothea: Natur und Gedächtnis. Reflexionen über die Klassische Walpurgnisnacht. In: Keller, Werner (Hrsg.): Aufsätze zu Goethes ›Faust II‹ (Wege der Forschung Bd. 445). Darmstadt 1991, S. 93-122, hier S. 103.

[65] vgl. Osten: Die evolutionäre Reise, S. 221.

[66] Goethe: Faust, V. 6946.

[67] Ebd., V. 6947.

[68] vgl. Gaier: Kommentar, S. 173.

[69] Goethe: Faust, V. 6968f.

[70] Ebd., V. 6983.

[71] vgl. Höffgen: Walpurgisnacht-Trilogie, S. 286.

[72] Goethe: Faust, V. 6987.

[73] Ebd., V. 6990.

[74] vgl. Gaier: Kommentar, S. 174.

4. Die Klassische Walpurgisnacht

4.1 Die Zielsetzung der Klassischen Walpurgisnacht, der Neptunistenstreit und Homunkulus

„[J]eder möge durch die Feuer / Versuchen sich sein eigen Abenteuer. / Dann, um uns wieder zu vereinen, / Lass deine Leuchte, Kleiner, tönend scheinen."[75] Mit diesen Worten Mephistopheles werden die Handlungsstränge der Figuren, angekommen in der Walpurgisnacht, voneinander separiert und auf individuellen Pfaden weitergeführt, die im Laufe der Szene dennoch immer wieder Berührungspunkte sichtbar werden lassen. Auch Faust wird abgesetzt, dann „Kehrtet ihm das Leben wieder; / Denn er sucht's im Fabelreich"[76]. Faust erwacht und wird von Homunkulus auf die Suche nach Helena geschickt, während dieser mit „blitzen"[77] und „klingen"[78] einen leuchtenden Abgang hinlegt. Auch hier werden diese zentralen Licht- und Farberscheinungen wieder aufgegriffen, die die gesamte Homunkulushandlung durchziehen.

Nachdem zunächst einmal Fausts und Mephistopheles Weg durch die Walpurgisnacht nachgezeichnet wird, trifft Mephistopheles wieder auf Homunkulus und fragt nach dessen individuellen Zielen. Hier wird erstmals konkretisiert, welches Begehren Homunkulus Tatendurst und unstetem Antrieb zugrunde liegt. Er „möchte gern im besten Sinn entstehn, / Voll Ungeduld [sein] Glas entzwei [ ] schlagen"[79] und sucht damit nach dem Ausweg aus Gefangenheit und dem Gefühl von Unvollkommenheit, zu dem er seit seiner Entstehung verdammt ist. Einen Körper zu erlangen und zur Gänze zu entstehen und nicht nur als halbes, geisterhaftes Menschlein, ist der Anspruch, den er stellt.[80]

Auf seiner Suche nach Vollendung seines Seins, hofft er auf die Hilfe zweier antiker Philosophen. Sein Ansatzpunkt ist dabei die Entstehung durch die Natur, hatte doch die künstliche Schöpfung in für ihn entscheidenden Punkt versagt.[81] Mephistopheles jedoch rät ihm zu Autonomie und selbständiger Selbstverwirklichung: „Willst du entstehn, ensteh auf eigne Hand!"[82]. An dieser Stelle findet eine Verschiebung der Figurenkonstellation statt. Hatte zuvor Homunkulus noch die deutlich überlegene, mehr wissende und trotz aller Einschränkungen handlungsfähige Position inne gehabt, während Mephistopheles sich seinen Ratschlägen fügen musste, ist nun Homunkulus selbst ratlos und sucht die Hilfe Dritter. Mephistopheles ist nun jedoch derjenige, der über einen Wissensvorsprung verfügt und sich klar ist, dass Homunkulus sich nur aus eigenem Antrieb entwickeln kann.

Dieser vertraut jedoch auf mögliche Hilfe durch die Philosophen Thales und Anaxagoras, die in eine angeregte Diskussion verwickelt sind und von ihm unterbrochen werden. Anaxagoras war ein Naturphilosoph, der im fünften Jahrhundert v. Chr. in Athen lebte. Im Faust repräsentiert er im Kontrast zu den sogenannten Neptunisten, deren Vertreter im Drama

---

[75] Goethe: Faust, V. 7064-7067.
[76] Ebd., V. 7054f.
[77] Ebd., V. 7068.
[78] Ebd., V. 7068.
[79] Ebd., V. 7831f.
[80] vgl. Osten: Die evolutionäre Reise, S. 224.
[81] vgl. Goethe: Faust, V. 7836-7839.
[82] Ebd., V. 7848.

Thales ist, die Position der Vulkanisten im Streit um die Entstehung der Erde. Die Vulkanisten vertraten die These einer gewaltsam-eruptiven Entwicklung der Erdoberfläche durch vulkanische Ausbrüche, während die Neptunisten von einem langsamen Prozess ausgingen. Diese Diskussion war zur Zeit Goethes ein brisantes Thema der geologisch-naturphilosophischen Überlegungen, die er im *Faust II* literarisch verarbeitet.[83] Thales war wie Anaxagoras Naturphilosoph im antiken Griechenland des sechsten Jahrhunderts v. Chr. und vertritt im *Faust II* die Gegenposition der Neptunisten, nach deren Auffassung alles Leben aus dem Wasser entstanden ist.[84]

Diese Positionierung wird nun auch in der Klassischen Walpurgisnacht verhandelt. Die zentrale These der Vulkanisten, „Durch Feuerdunst ist dieser Fels zuhanden"[85], wird der Ansicht der Neptunisten, „Im Feuchten ist Lebendiges erstanden"[86], gegenübergestellt. Im Zuge dieser zentralen Theorien tritt Homunkulus hervor, der sich sehr dafür interessiert, denn ihm „selbst gelüstet's zu entstehn!"[87]. Nach weiterer Argumentation für beide Positionen wird Homunkulus von Anaxagoras eine gewisse Form von Werden durch die Übernahme von Herrschaft angeboten. Homunkulus aber bewahrt eine „Haltung weisen Entsagens"[88] und beweist sich damit als positive Figur, die in einer nicht egoistischen Grundhaltung den Bemühungen, ihn in Versuchung zu führen, widersteht und sich damit von Anderen abhebt.[89]

Thales rät ihm ebenfalls davon ab, auf diese Angebote einzugehen, setzt stattdessen auf Taten als Ziel: „Mit Kleinen tut man kleine Taten; / Mit Großen wird der Kleine groß"[90]. Hier zeigt sich wieder das Motiv des Tathandelns, das immer wieder zentral ist, sowohl für Faust als auch für Homunkulus.

Der Teil der Homunkulushandlung endet erst einmal damit, dass er sich mit Thales zusammen entfernt, „fort zum heiteren Meeresfeste"[91], womit er sich gegen Anaxagoras und dessen Entstehungstheorie entscheidet und sich stattdessen den Neptunisten als Ratgeber nimmt. Im Folgenden ist daher zu untersuchen, wie die weiteren Wegstationen des Homunkulus zu seiner ersehnten Entstehung führen und welche Symbolik den Schluss der Szene begleitet.

4.2 Homunkulus ‚zweite Geburt' und die Symbolik der Evolution

Thales führt Homunkulus zu dem Meeresgott Nereus, der ihm auf dem Weg zu seiner vollständigen Entstehung hilfreich sein soll. Der Weg des Werdens mittels des Wasserelements wird nun also in den Vordergrund gestellt. Nereus verfügt zudem über die Fähigkeit des Wahrsagens: „Doch ist die Zukunft ihm entdeckt"[92].

---

[83] vgl. Schmidt-Möbus: Who is who, S.12f.
[84] vgl. Ebd., S. 127.
[85] Goethe: Faust, V. 7855.
[86] Ebd., V. 7856.
[87] Goethe: Faust, V. 7858.
[88] Mommsen, Katharina: Homunkulus und Helena. In: Keller, Werner (Hrsg.): Aufsätze zu Goethes ›Faust II‹. Darmstadt 1992, S. 138-159 (im Folgenden zitiert als: Mommsen: Homunkulus und Helena), hier S.145.
[89] vgl. Ebd., S. 145.
[90] Goethe: Faust, V. 7882f.
[91] Ebd., V. 7949.
[92] Ebd., V. 8088.

Er ist jedoch den Menschen wenig zugetan, da sein Rat zu oft nicht angenommen wurde und lehnt es zunächst ab, Homunkulus Ratschläge zu erteilen. Thales hilft Homunkulus jedoch und versucht Nereus für ihn zu überzeugen: „Schau diese Flamme, menschenähnlich zwar, / Sie deinem Rat ergibt sich ganz und gar"[93]. Homunkulus zentrale Charakterisierung als Lichtwesen, als „Flamme"[94], wird erneut aufgegriffen und steht kontrastiv dem Wasser gegenüber, dass durch den Meeresgott Nereus vertreten wird. Thales trägt sein Anliegen vor, „Der Knabe da wünscht weislich zu entstehn"[95], bis er schließlich von Nereus zur nächsten Gesprächsstation weitergeleitet wird: „Hinweg zu Proteus! Fragt den Wundermann: / Wie man entstehn und sich verwandeln kann"[96].

Thales jedoch sieht sich nun vor eine Herausforderung gestellt, denn er hält es für schwierig, Proteus Rat überhaupt zu erhalten, denn „gleich ist er zerronnen"[97], und diesen Rat dann auch zu verstehen. Denn Proteus ist ein Meergott, der in der griechischen Mythologie als Wandelgott bekannt ist, der stets in unterschiedlicher Gestalt erscheint und allegorisch die Metamorphose verkörpert. Dadurch versteht er sich darauf, unbemerkt zu erscheinen und zu verschwinden.[98] Thales will sich dessen Neugier zunutze machen und ihn durch Homunkulus Leuchten anlocken, denn: „Durch Flammen wird er hergelockt"[99]. Tatsächlich erscheint Proteus in Gestalt einer Riesenschildkröte, Thales aber fordert menschliche Gestalt. Sobald Proteus die Forderung erfüllt, enthüllt er ihm Homunkulus Wesen und Anliegen:

> ‚Es fragt um Rat, und möchte gern entstehn. / Er ist, wie ich von ihm vernommen, / Gar wundersam nur halb zur Welt gekommen. / Ihm fehlt es nicht an geistigen Eigenschaften, / Doch gar zu sehr am greiflich Tüchtighaften. / Bis jetzt gibt ihm das Glas allein Gewicht, / Doch wär er gern zunächst verkörperlicht."[100]

Damit fasst Thales die zentralen Eigenschaften und Motivationen des Homunkulus zusammen und beschreibt dessen lediglich geistig geprägte Existenz als Lichtwesen, das sich aus der Abhängigkeit seiner bruchanfälligen Phiole befreien und Körperlichkeit erlangen möchte. Proteus stellt daraufhin fest: „Eh du sein solltest bist du schon!"[101] und spielt damit auf die Künstlichkeit seiner Entstehung an. Homunkulus ist entstanden, ohne den natürlichen Vorgang von Evolution und Zeugung zu durchlaufen. Nur durch Wagners Experiment entwickelt, ist er „ein wahrer Jungfernsohn"[102]. Dabei handelt es sich im religiösen Sinne auch um eine Anspielung auf Jesus.[103] Daraufhin präsentiert Proteus die Lösung für Homunkulus:

---

[93] Ebd., V. 8104f.
[94] Ebd., V. 8104.
[95] Ebd., V. 8133.
[96] Ebd., V. 8152f.
[97] Ebd., V. 8155.
[98] vgl. Vinzenz, Albert: Proteus. In: Jeßing, Benedikt; Lutz, Bernd; Wild, Inge (Hrsg.): Goethe Lexikon. Personen - Sachen - Begriffe. Stuttgart/Weimar 2004², S. 347.
[99] Goethe: Faust, V. 8234.
[100] Ebd., V. 8246-8252.
[101] Ebd., V. 8254.
[102] Ebd., V. 8253.
[103] vgl. Gaier: Kommentar, S. 202.

„So wie er anlangt wird sich's schicken. / Doch gilt es hier nicht viel Besinnen,/ Im weiten Meere musst du anbeginnen! / Da fängt man erst im Kleinen an / Und freut sich Kleinste zu verschlingen, / Man wächst so nach und nach heran, / Und bildet sich zu höherem Vollbringen."[104]

Homunkulus muss also im Kleinen anfangen und sich dem Prozess der Evolution unterwerfen, wodurch eine Entschleunigung stattfindet. Die ungeduldige Erwartung der Körperlichkeit muss dem langsamen Prozess des natürlichen Werdens weichen.[105] Nur in Kombination mit dem Wasser kann Homunkulus in einen neuen Lebenszyklus eintreten, wodurch wieder die Position der Neptunisten hervorgehoben wird, dass das Leben seinen Ursprung im Wasser hat und in einem langsamen Prozess seine Vollendung erreicht.[106] Proteus verwandelt sich in einen Delphin, um Homunkulus auf seinem Rücken ins „ewige Gewässer"[107] zu tragen. Damit wird deutlich, dass Homunkulus nun seine „Fähigkeit zur Selbstaufgabe"[108] unter Beweis stellen und auf seine bisherige Existenz verzichten muss.[109] Um sein Ziel vollständiger Entstehung zu erreichen, muss er bereit sein „von vorn die Schöpfung anzufangen"[110]. Während Thales dabei vor allem einen Evolutionsprozess vom Beginn der Schöpfung bis zum Menschen vor Augen hat, ist Proteus Entstehungsgedanke eher auf die Vielfalt der Arten ausgerichtet und nicht auf eine Entwicklung zum Menschen, die er für nicht erstrebenswert hält. Die beiden Strophen von Thales und Anaxagoras sind dabei antithetisch gegenübergestellt und verdeutlichen damit die Gegenpole, zwischen denen Homunkulus wählen kann. Auf der einen Seite steht der Werdegang zum Menschen nach der Gesetzmäßigkeit der Natur, auf der anderen Seite das freie Dasein ohne feste Form, mit der Möglichkeit, sich für jede Dimension und Richtung zu entscheiden.[111]

Letztendlich ist Proteus Metapher der Verwandlung, aber Homunkulus muss sich aus eigenem Antrieb entwickeln.[112] Beim Meeresfest erscheint Galatee als Fahrerin eines Muschelwagens, die als Sinnbild der Schönheit Homunkulus in Verzückung versetzt, sodass dieser an ihrem Muschelwagen zerschellt.[113]

Erneut wird das immer wiederkehrende Motiv der Homunkulushandlung aufgegriffen und Farb- und Lichterscheinungen bestimmen das Bild: „Jetzt flammt es, nun blitzt es, ergießt sich schon"[114]. Es kommt zum furiosen Abschluss der Szene mit der Vereinigung der Elemente, die als Symbol für die „Synthesis des antiken Philosophenstreits"[115] interpretierbar ist. Die Elemente spiegeln Gegensätze wieder, Wandel und Ewigkeit, Wasser und Feuer. Während das Wasser als Zeichen des Werdens für Zeitlichkeit und Schöpfung steht,

---

[104] Goethe: Faust, V. 8260-8264.

[105] vgl. Osten: Die evolutionäre Reise, S. 224.

[106] vgl. Auteri, Laura: Kreaturen des Wassers: „Felsbuchten des ägäischen Meers" in Goethes Faust II. In: Javor Briski, Marija/ Samide, Irena (Hrsg.): The Meeting of the Waters: Fluide Räume in Literatur und Kultur. München 2015, S. 77-87, hier S.82.

[107] Goethe: Faust, V. 8316.

[108] Mommsen: Homunkulus und Helena, S. 145.

[109] vgl. Ebd., S. 145.

[110] Goethe: Faust, V. 8322.

[111] vgl. Höfler: Homunculus, S. 145f.

[112] vgl. Auteri. Kreaturen des Wassers, S. 85.

[113] vgl. Schmidt-Möbus: Who is who, S. 51.

[114] Goethe: Faust, V. 8473.

[115] Höffgen: Walpurgisnacht-Trilogie, S. 290.

repräsentiert das Feuer das Göttliche und Zeitlose. Sich entgegenstehende Kräfte wirken gemeinsam an der Entstehung neuen Lebens.[116] Homunkulus zerstreut sich als Leuchten ins Meer und entscheidet sich damit für den langen Weg der Evolution im Wasser. Die reine Geistigkeit war nicht ausreichend, mit dem Zerschellen der Phiole wird die Natur wieder an oberste Position gerückt.[117] Damit wird Homunkulus von einem „nur geistigen Lebensprinzip in ein animalisches Subjekt des Kosmos"[118] überführt. Alle vier Elemente werden gepriesen und die Klassische Walpurgisnacht ist an den Urzustand der Schöpfung zurückgekehrt. Die pathetische Inszenierung der Schlussszenerie, innerhalb derer Homunkulus Tod und Geburt seiner Existenz in Rückgriff auf die Prinzipien der Natur vollzieht und in einen neuen Lebenszyklus eintritt, zeigt dabei schließlich auch die Bedeutung des Homunkulus, der in der Klassischen Walpurgisnacht die zentrale Figur darstellt und Faust an die Peripherie der Handlung drängt.[119] Die Homunkulushandlung ist autonom und nicht Nebenhandlung, sondern der Fausthandlung ebenbürtig.[120] Zudem interessant ist die Verbindung, die in den Schlussversen der Klassischen Walpurgisnacht zum Schluss des fünften Aktes gezogen werden kann. Dort findet „der hymnische Schwung, der rauschhafte Klang dieser Verse"[121] seine Entsprechung, auch inhaltlich mit der Darstellung allmächtiger Liebe als Ausgangspunkt allen Seins.[122] Mit dem Schluss der Klassischen Walpurgisnacht ist die Homunkulushandlung schließlich abgeschlossen und sein Weg über die Gespräche mit verschiedenen Ratgebern endet in der Aufgabe seiner bisherigen Identität zugunsten einer neubeginnenden Schöpfungsprozedur.

---

[116] vgl. Auteri: Kreaturen des Wassers, S. 87.
[117] vgl. Habrich: Alchemie, S. 29.
[118] Hölscher-Loymeyer: Natur und Gedächtnis, S 115.
[119] vgl. Harzer, Friedmann: »»Hinweg zu Proteus!«« Goethes ›Poetische Metamorphosen‹ in der Klassischen Walpurgisnacht. In: Luserke, Matthias (Hrsg.): Goethe nach 1999. Positionen und Perspektiven. Göttingen 2001, S.31-44, hier. S. 33.
[120] vgl. Mommsen: Homunculus und Helena, S. 155.
[121] Ebd., S. 146.
[122] vgl. Ebd., S. 146.

5. Fazit

Homunkulus ist eine Figur, die in Hinblick auf die Gestaltung des Dramas alles andere als marginal ist. Er übt in den beiden Szenen Laboratorium und Klassische Walpurgisnacht eine Form gebende, die Handlung vorantreibende Funktion aus, die zentrale Impulse für den Fortgang des Geschehens und die Weiterentwicklung Fausts gibt. Doch er ist mehr als nur Bindeglied für einen flüssigen Übergang der Schauplätze. Einerseits ist er sicherlich einrahmendes Element, doch vor allem steht er selbst als eigenständige Figur im Zentrum der Aufmerksamkeit und ist in Symbolik und Thematik von ungeheurer Bedeutung, vermittelt er doch zentrale Aspekte von Modernität, wenn in ihm aktuelle Diskussionen und Thesen der Zeit Goethes in literarischer Verarbeitung kontrastierend gegenübergestellt werden. Naturphilosophie und Mythologie gelangen mit ihm zu einer einzigartigen Synthese. Gleichzeitig stellt er trotz vorhandener Parallelen mit Faust in gewisser Weise eine Gegenfigur zu diesem dar, indem er das Paradigma des Menschen, das in Faust vorgestellt wird, bis zu einem bestimmten Punkt umkehrt. Denn Homunkulus in seiner geistigen Existenz lässt sich nicht von Mephistopheles beherrschen und bleibt frei von egoistischen Herrschafts- und Machtansprüchen. Er wird durchweg als positive Figur konnotiert, die mit klarem Blick von der Düsternis und Verdorbenheit des Menschen losgelöst ist. Prämisse dieser Attribute ist jedoch eben jene künstliche Körperlosigkeit, jenes rein geistige Dasein, das ihn letztendlich zum Scheitern seiner eigenen Existenz führt. Dasjenige, was ihm eine transzendentale Überlegenheit im Vergleich zum Menschen verschafft, ist zugleich die defizitäre Anlage, die ihn zu einer Rückkehr in die natürliche Schöpfung und die Aufgabe seiner bis dahin bestehenden Identität zwingt.

Mephistopheles Verbindung zu Homunkulus ist durch eine enge Verkettung verschiedener Aspekte charakterisiert, deren genaue Bedeutung jedoch unklar bleibt und verschiedene Interpretationen offen lässt. Seine Mitwirkung an der Entstehung des Homunkulus bietet Raum für Spekulationen, deren Ausmaß diskutiert, deren Wahrheitsgehalt jedoch nicht abschließend aufgelöst werden kann. Während er im Laboratorium abhängig vom Rat des Homunkulus ist und sich damit gewisser Hilflosigkeit ausgesetzt sieht, kehrt sich dieses Verhältnis in der Klassischen Walpurgisnacht bis zu einem gewissen Grad um, da dort Homunkulus selbst des Rates und der Leitung bedarf und seine überlegene Position in Bezug auf sich selbst nicht behaupten kann.

Zudem belegt die Homunkulusfigur die Genauigkeit der Kenntnisse Goethes über sowohl mythologische Aspekte als auch alchemistische Vorgänge und wissenschaftshistorische Traditionen. Die Farb- und Lichtsymbolik ist dabei von zentraler Bedeutung und zieht sich durch die gesamte Homunkulushandlung.

Abschließend ist festzuhalten, dass Homunkulus eine Konfrontation mit den Defiziten und Grenzen menschlicher Existenz demonstriert und in seiner letzten Metamorphose sowohl die Unbegrenztheit der Schöpfung als auch die untrennbare Einheit der Elemente in ihrer Vereinigung als Ursprung des Lebens veranschaulicht. Die komplementären Bestandteile fügen sich gemeinsam zum großen Ganzen und ermöglichen die Entelechie des Homunkulus.

6. Literaturverzeichnis

6.1 Primärliteratur

Goethe, Johann Wolfgang: Faust. Der Tragödie Erster Teil. Stuttgart 2014.

Goethe, Johann Wolfgang: Faust. Der Tragödie Zweiter Teil. Stuttgart 2001.

6.2 Quellen

Eckermann, Johann Peter: Gespräche mit Goethe in den letzten Jahren seines Lebens. In: Beutler, Ernst (Hrsg.): Johann Wolfgang Goethe. Gedenkausgabe der Werke, Briefe und Gespräche. 28. August 1949, Bd. 24. Zürich 1948.

Philippi Theophrasti von Hohenheim: De natura rerum. In: Peuckert, Will-Erich (Hrsg.): Theophrastus Paracelsus Werke Bd. 5. Pansophische, Magische und Gabalische Schriften. Darmstadt 1968.

Praetorius, Johannes: Von chymischen Menschen. In: Völker, Klaus (Hrsg): Künstliche Menschen. Dichtungen und Dokumente über Golems, Homunculi, lebende Statuen und Androiden Bd. 308. München 1971, S.60-61.

6.3 Sekundärliteratur

Auteri, Laura: Kreaturen des Wassers: „Felsbuchten des ägäischen Meers" in Goethes Faust II. In: Javor Briski, Marija/ Samide, Irena (Hrsg.): The Meeting of the Waters: Fluide Räume in Literatur und Kultur. München 2015, S. 77-87.

Duden. Deutsches Universalwörterbuch. 4., neu bearb. u. erw. Aufl. Mannheim u.a. 2001.

Fitzell, John: Goethe, Jung: Homunculus and Faust. In: Ugrinsky, Alexej (Hrsg.): Goethe in the twentieth century (Contributions to the study of world literature Nr. 17), New York/Connecticut/London 1987, S. 107-116.

Gaier, Ulrich: Kommentar zu Goethes Faust. Stuttgart 2002.

Görner, Rüdiger: Homunkulus im Zeitalter der Simulation. Gedanken zur Authentizität in deutscher Gegenwartsliteratur, in: Summ, Hans-Joachim (Hrsg.): ››Welche Entwürfe! Welche Entschlüsse‹‹ Modelle menschlichen Lebens. Frankfurt a. M./Leipzig 2000, S.112-137.

Habrich, Christa: Von der Alchemie zur Förderung der chemischen Wissenschaft und Technik. Goethe zwischen hermetischem Denken und Pragmatismus. In: Schrader, Hans-Jürgen; Weder, Katharine (Hrsg.): Von der Pansophie zur Weltweisheit. Goethes analogisch-philosophische Konzepte. Tübingen 2004, S.9-30.

Harzer, Friedmann: »Hinweg zu Proteus!«« Goethes ›Poetische Metamorphosen‹ in der Klassischen Walpurgisnacht. In: Luserke, Matthias (Hrsg.): Goethe nach 1999. Positionen und Perspektiven. Göttingen 2001.

Höffgen, Thomas: Goethes Walpurgisnacht-Trilogie. Heidentum, Teufeltum, Dichtertum (Bochumer Schriften zur deutschen Literatur Bd. 1). Frankfurt a. M. 2015.

Höfler, Otto: Homunculus - eine Satire auf A.W. Schlegel. Goethe und die Romantik. Wien/Köln/Graz 1997.

Hölscher-Lohmeyer, Dorothea: Natur und Gedächtnis. Reflexionen über die Klassische Walpurgisnacht. In: Keller, Werner (Hrsg.): Aufsätze zu Goethes ›Faust II‹ (Wege der Forschung Bd. 445). Darmstadt 1991, S. 93-122.

Laube, Stefan: Die Alchemie - Kontexte und Phänomene. In: Feuerstein-Herz; Laube, Stefan (Hrsg.): Goldenes Wissen. Die Alchemie - Substanzen, Synthesen, Symbolik. Wolfenbüttel 2014, S. 176-238.

Mommsen, Katharina: Homunkulus und Helena. In: Keller, Werner (Hrsg.): Aufsätze zu Goethes ›Faust II‹. Darmstadt 1992, S. 138-159.

Osten, Manfred: Die evolutionäre Reise - zur Modernität des Goetheschen Homunculus. In: Frick, Wener/ Golz, Jochen/ Zehm, Edith (Hrsg.): Goethe Jahrbuch Bd. 120. Weimar 2003, S. 216-228.

Schmidt-Möbus, Friederike; Möbus, Frank: Who is who in Goethes Faust? Kleines Lexikon der Personen und mythologischen Gestalten in Johann Wolfgang Goethes Faust I und II. Leipzig 1999.

Schott, Heinz: Heil und Heilung. Zur Ideengeschichte der Alchemie in der frühen Neuzeit. In: Feuerstein-Herz/Laube, Stefan (Hrsg.): Goldenes Wissen. Die Alchemie - Substanzen, Synthesen, Symbolik. Wolfenbüttel 2014, S.99-110.

Jacoby, Adolf: Homunculus. In: Bächtold-Stäubli, Hanns (Hrsg.): Handwörterbuch des deutschen Aberglaubens Bd. 4. Berlin/New York 2000[3].

Jeßing, Benedikt: Alchimie. In: Jeßing, Benedikt; Lutz, Bernd; Wild, Inge (Hrsg.): Goethe Lexikon. Personen - Sachen - Begriffe. Stuttgart/Weimar 2004[2].

Vinzenz, Albert: Proteus. In: Jeßing, Benedikt; Lutz, Bernd; Wild, Inge (Hrsg.): Goethe Lexikon. Personen - Sachen - Begriffe. Stuttgart/Weimar 2004².

Wyder, Magrit: Von der Stufenleiter der Wesen zur Metamorphosenlehre: Goethes Morphologie und ihre Gesetze. In: Schrader, Hans-Jürgen; Weder, Katharine (Hrsg.): Von der Pansophie zur Weltweisheit. Goethes analogisch-philosophische Konzepte. Tübingen 2004, S.31-54.

BEI GRIN MACHT SICH IHR WISSEN BEZAHLT

- Wir veröffentlichen Ihre Hausarbeit,
  Bachelor- und Masterarbeit

- Ihr eigenes eBook und Buch -
  weltweit in allen wichtigen Shops

- Verdienen Sie an jedem Verkauf

Jetzt bei www.GRIN.com hochladen
und kostenlos publizieren